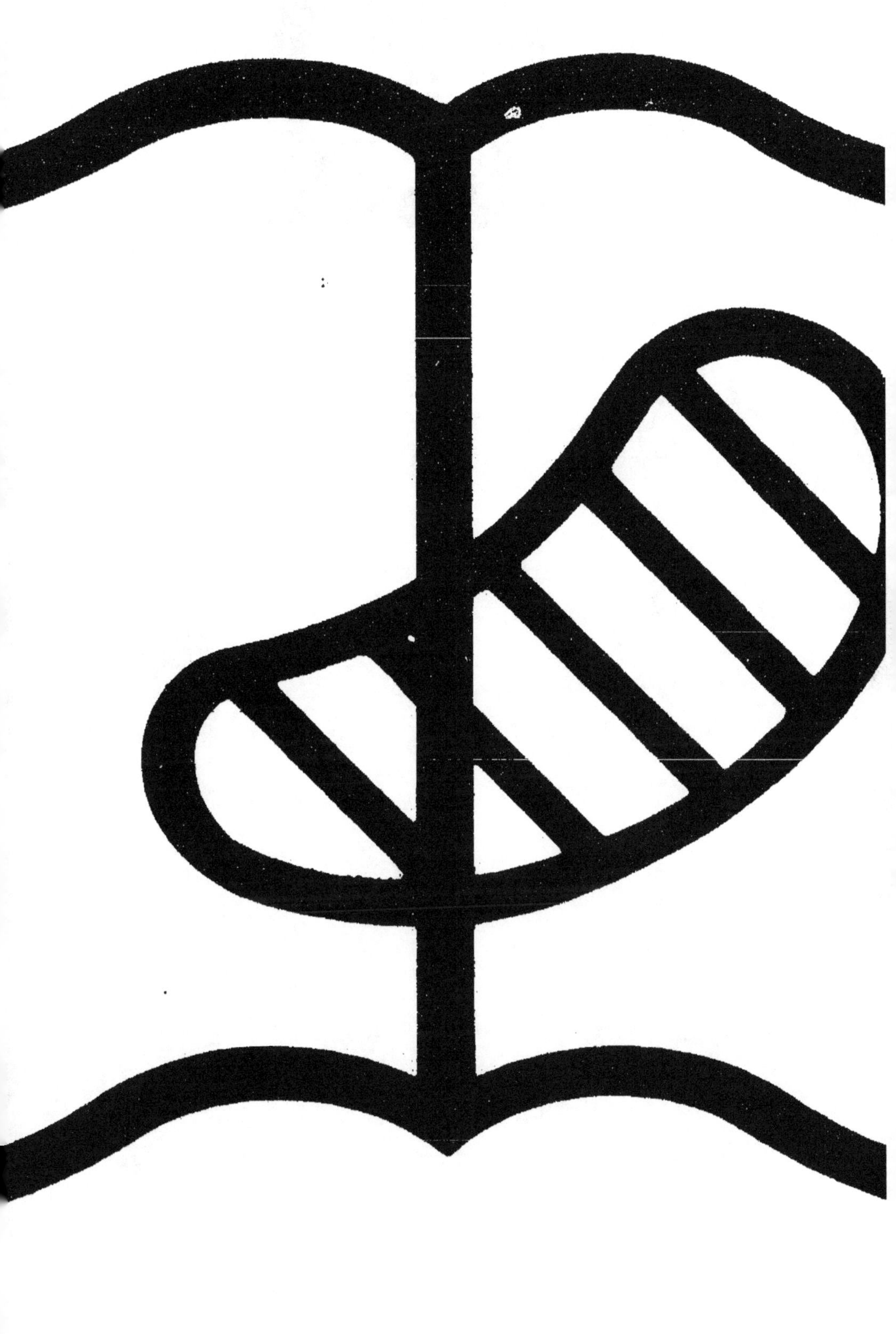

DE LA JUSTICE

ET

DE LA POLICE.

DE L'IMPRIMERIE DE DENUGON,
Rue du Pot-de-Fer, n°. 14

DE LA JUSTICE

ET

DE LA POLICE,

OU

Examen de quelques parties de l'instruction criminelle, considérées dans leur rapport avec les mœurs et la sûreté des citoyens;

Par M. AIGNAN,

MEMBRE DE L'INSTITUT,

L'un des Jurés dans le procès des associés de l'*Epingle noire.*

A PARIS,

Chez PLANCHER, libraire, rue Poupée, n°. 7;
et DELAUNAY, libraire, au Palais-Royal.

1817.

DE LA JUSTICE

ET

DE LA POLICE,

OU

Examen de quelques parties de l'instruction criminelle, considérées dans leur rapport avec les mœurs et la sûreté des citoyens.

DE grands procès criminels captivent aujourd'hui l'attention du public. Ce ne sont plus de misérables vagabonds, d'obscurs malfaiteurs qui viennent s'asseoir sur les bancs des accusés; ce sont des hommes pris dans les classes distinguées de la société, des hommes à côté desquels nous pouvions être placés hier dans nos réunions publiques ou privées; ce sont des femmes brillantes de grâces, d'esprit, de beauté, qui faisaient hier encore les délices de nos amusemens et l'ornement de nos fêtes. On conçoit quel avide intérêt s'attache à la connaissance de tels débats. Tout ce qu'ils présentent de dramatique, d'anecdotique, d'effrayant, de scandaleux même, laisse bien loin derrière soi les conceptions des poëtes et des romanciers : ici la nature est prise et observée sur le fait ; il n'est plus besoin que ce soit la vraisemblance, c'est la vérité.

La vérité ! mais, puisque nous ne pouvons la connaître que par les formes de l'instruction criminelle, n'est-il pas d'une grande importance, soit pour notre insatiable curiosité, soit pour des intérêts d'un ordre bien plus haut, de les étudier un peu, ces formes si généralement ignorées, et d'examiner si toutes sont bonnes en elles-mêmes et si on les suit bien ? J'avais depuis long-temps une idée confuse que non ; mais combien les idées se gravent plus profondément et plus vite par les sentimens! Ceux qu'ont fait naître en moi les fonctions de juré, que je viens de remplir dans le procès des associés de l'*Epingle noire*, sont inexprimables. Je ne pourrais pas, je ne voudrais pas les reproduire dans toute leur force, cela pourrait être dangereux, et mon but, au contraire, est d'être utile. Je suis si éloigné de toute passion, de toute intention de personnalité, que je voudrais pouvoir détacher entièrement mes réflexions de la circonstance qui les a excitées, et les présenter sous la forme d'abstractions; mais mon esprit n'est point assez exercé sur ces matières, et, après tout, il n'est pas mal d'animer un peu la recherche du décent et du vrai.

Quid verum atque decens curo et rogo, et omnis in hoc sum.

En deux mots, je viens de lire, à l'occasion de mes fonctions de juré, plusieurs titres du Code d'instruction criminelle et du Code pénal; j'en examine ici quelques dispositions, et je les applique à quelques faits publics; voilà toute ma tâche. Elle n'est au-dessus des forces de presque personne; elle n'excède point la capacité nécessaire pour les fonctions que je viens de remplir.

Si tout ou partie de ce que je vais dire a été dit avant moi, il est clair qu'il faut le redire; car j'ai à parler d'intolérables abus.

Voudrait-on, malgré le peu de prétention de cet écrit, dont l'utilité seule peut être le mérite, le considérer comme étant, par sa nature, peu convenable à un homme de lettres? Je répondrais qu'il ne fallait donc pas qu'on me nommât juré. J'ajouterais que l'Académie Française, par la plus heureuse inspiration, vient de proposer pour prix de poésie *l'institution du jury en France;* qu'un autre prix doit, avec l'approbation du

Monarque, être décerné par elle à l'ouvrage le plus utile aux mœurs; et qu'il
est permis au dernier de ses membres
(s'il ne mérite point de fixer l'attention
des hommes d'état), du moins de préparer les voies aux athlètes de cette double
lice, par des réflexions non moins étroitement liées à la morale publique qu'à
la sûreté individuelle.

J'offrirai ces réflexions dans le même
ordre qu'elles se sont présentées à mon esprit, et je parlerai successivement, 1°. de
la manière de former le jury ; 2°. de la récusation des jurés; 3°. de la communication des jurés avec le public durant les
longues procédures; 4°. de la dénonciation légale et de l'audition du témoignage
des dénonciateurs; 5°. de l'interprétation
des lois pénales; 6°. du ministère des avocats; 7°. enfin de l'admission, comme élémens de conviction, des lettres interceptées par l'autorité publique.

§. Ier.

De la manière de former le jury.

LE Code d'instruction criminelle, après avoir fait connaître les classes de citoyens appelées aux fonctions si délicates de jurés, porte, art. 387 :

« Les préfets formeront, sous leur res-
« ponsabilité, une liste de jurés, toutes
« les fois qu'ils en seront requis par les
« présidens des cours d'Assises. »

La plus légère attention suffit pour convaincre qu'il ne convient pas que la formation de ces listes appartienne aux préfets.

Je ne veux point arrêter ma pensée sur le plein-pouvoir qu'aurait un préfet, en choisissant soixante noms à sa dévotion, de faire, à son gré, absoudre un coupable ou condamner un innocent; les grandes prévarications sont rares (et pourtant c'est déjà trop pour la sûreté, pour la sécurité commune, que la loi elle-même les rende possibles). Je veux croire, ce qui est généralement vrai, le magistrat honnête homme; cela posé, voici la chaîne de mes raisonnemens.

A Paris, un préfet ne peut connaître personnellement qu'un très-petit nombre de ses administrés; ainsi, par un inconvénient imputable, non point au magistrat, mais à la loi, la confection des listes de jurés, c'est-à-dire, la vie et l'honneur des citoyens, sont abandonnés aux notes d'un chef de bureau (1); notes toujours

____

(1) Un de mes confrères du jury me racontait que, s'étant rendu par hasard à la préfecture, le *commis qui fait les listes* lui dit : « Ah ! parbleu, puisque vous voilà, il faut que « je vous mette du jury » ; car, ajoutait le même juré sans aucune intention de blâme, on sait qu'il arrange cela comme il veut.

incomplètes, lors même, ce qui n'est que facultatif, qu'elles seraient préparées par les maires; puisqu'il ne suffit pas de s'assurer de la probité, de l'honneur, du patriotisme des citoyens inscrits sur les listes de jurés, il faut encore, pour la double garantie des accusés et de la société, être bien certain de la modération de leur caractère et de la rectitude de leur jugement. L'orsqu'on entend raisonner certains jurés, on frémit de penser que le dépôt de si grands intérêts soit journellement mis entre leurs mains. Ce péril, effrayant dans tous les procès criminels, l'est surtout dans les accusations intentées pour crimes ou délits politiques; alors les passions s'allument, les amours-propres s'irritent, et souvent le plus honnête homme est dans un état de maladie morale qui le rend beaucoup plus incapable que ne pourrait faire une simple indisposition du corps, de remplir ses fonctions de juré.

Dans les départemens, les inconvéniens pris du défaut de connaissance personnelle des citoyens, sont les mêmes, sinon toujours pour le chef-lieu, du moins pour toutes les parties autres que le chef-lieu, et il s'y joint un abus bien plus grave; là, le préfet chargé de la confection des listes de jurés, l'est aussi, facultativement, des fonctions d'officier de police judiciaire, (art. 10 du Code d'instruction criminelle), de sorte que le même magistrat, comme il vient d'arriver au moins en partie à Rhodez, constate le crime, interroge le prévenu, le livre aux tribunaux, et lui choisit des juges. Or je dis que, dans un pays où il existe une telle cumulation de pouvoirs, incompatible avec l'essence même de l'institution des jurés, il peut y avoir un simulacre de jury, souvent pire que l'absence du jury même, mais point de jury véritable.

Comment y aurait-il un véritable jury en France? La réponse est simple : Comment y en a-t-il un en Angleterre? en confiant le soin de sa formation aux shériffs, magistrats nommés par le peuple. Mais en France, nous n'avons plus de magistrats nommés par le peuple; c'est donc aux électeurs mêmes qu'il semble qu'on doive recourir.

A ces mots j'entends quelques personnes jeter un cri d'alarme. « Quoi! ne seriez-vous pas effrayé de provoquer des changemens qui se rapprochent des formes républicaines, et s'écartent des principes de la monarchie, telle qu'elle est actuellement constituée? » Eh! Messieurs, je vous supplie de remarquer, 1°. que je ne *provoque* rien ; que j'expose mes idées, comme tout bon citoyen doit le faire, lorsqu'il les croit utiles, et que je serai charmé qu'on trouve quelque chose de mieux à mettre à la place; 2°. que la nomination des jurés par les électeurs n'est pas une forme plus républicaine que la nomination des députés; 3°. que les principes de la monarchie, précisément telle qu'elle est constituée aujourd'hui, c'est-à-dire, franchement et loyalement, ne peuvent pas être d'allier ensemble des choses inalliables de leur nature, des commissions administratives rendant la justice sous le nom de jury, et qu'elle doit ou rejeter le jury s'il ne lui convient pas, ou l'admettre avec l'essence qui lui est propre.

Après cette explication fort nécessaire, je reprends la suite de mes raisonnemens, et j'établis qu'il y aurait un véritable jury en France, si les électeurs en formaient le tableau, chacun pour leur arrondissement, de la même manière et aux mêmes époques qu'ils procèdent à la nomination des députés; bien entendu, en circonscrivant leurs choix, dans les classes qui sont ou seraient déterminées par la loi. Je souhaiterais qu'ensuite, à chaque session de cour d'Assises, la liste des soixante noms qui doivent subir des réductions successives fût tirée au sort par le préfet, en présence des conseillers de préfecture, et que la réduction postérieure de cette liste à trente-six noms, qui appartient au président de la cour d'Assises, eût également lieu par la voie du sort, en présence des juges de la cour. Rien ne serait changé au mode de la dernière réduction de la liste à douze noms ; elle continuerait de s'opérer par le même président, à l'ouverture des débats, en tirant les noms de l'urne, en présence des juges, du ministère public, des trente-six jurés désignés, et des prévenus.

Oh ! sans doute, il y aurait alors un véritable jury ; car chaque électeur, dans l'intérêt le plus pressant de lui-même et de la société, ne porterait sur le tableau des jurés que ceux dont l'impartialité, bien connue de lui, reposerait sur leur caractère et sur leur conduite, sans aucun égard à leurs opinions. En effet, le tableau serait formé pour cinq ans, et

cinq ans sont très-longs pour les opinions politiques d'un français.

En attendant que ce bienfait de la sa-
gesse du législateur vienne, je ne dis pas,
réformer, mais créer en quelque sorte
parmi nous l'institution du jury, signa-
lons du moins un abus de fait qui aggrave
encore l'imperfection de la loi.

La loi, en admettant sur les listes des
jurés, art. 382, « les employés des ad-
« ministrations jouissant d'un traitement
« de 4000 francs au moins, » en exclut
implicitement ceux des préfectures, où
se forment les listes, et où l'instruction
des procès se prépare. La même incompatibilité établie par l'art. 384 du Code,
entre les fonctions des jurés et celles
des préfets, est applicable aux employés,
collaborateurs et salariés de ceux-ci.
Cette incompatibilité, ne fût-elle que morale, devrait s'observer avec une sorte de
pudeur religieuse ; et pourtant elle ne
s'observe pas. Dans le procès du con-

damné Charles Monnier, lié à celui des associés de l'*Epingle noire*, le hasard a voulu qu'un chef de bureau de la police fût appelé à prononcer sur le sort de cet officier, sauvé de la peine capitale par l'auguste clémence du Roi. A Dieu ne plaise, que je veuille élever la moindre prévention contre le caractère d'un citoyen dont le nom ne m'est pas même connu. S'il a condamné l'accusé, je suis convaincu qu'il l'a condamné dans sa conscience; peut-être même, est-il un des cinq qui l'ont absous; car la déclaration du jury a eu lieu à la simple majorité de sept contre cinq, de sorte qu'une seule voix suffisait pour que l'accusé fût mis en liberté, et pour que le procès de l'*Epingle noire* n'eût pas lieu vraisemblablement. Je ne parle donc ici que de la qualité publique du juré, et j'affirme que l'interprétation, soit rigoureuse, soit morale de la loi, devait l'affranchir de la pénible nécessité de prononcer dans cette affaire.

§. II.

De la récusation des jurés.

MAIS, dira-t-on, si la formation d'une liste de jurés laissait concevoir les moindres craintes pour les intérêts, soit des accusés, soit de la société, ces craintes s'évanouiraient par le droit de récusation attribué, d'une part aux accusés, et de l'autre au ministère public. C'est ce qu'il convient d'examiner.

Que dit l'art. 400 du Code d'instruction criminelle ? « Les récusations que « pourront faire l'accusé et le procureur-« général, s'arrêteront lorsqu'il ne res-« tera que douze jurés. »

Et l'art. 401 ?

« L'accusé et le procureur-général « pourront exercer un égal nombre de « récusations. »

Si donc, le procureur-général, usant de la pleine latitude de son droit, récuse, comme on assure qu'il vient d'arriver à Lyon, tous les jurés acceptés par les accusés, il ne restera plus dans le fond de l'urne, sans qu'il y ait encore un seul juré de nommé, que douze noms, qu'il faudra recevoir tels que le préfet les aura donnés.

Et remarquez, je vous prie, comment, dans un système bien uni, toutes les convenances s'enchaînent entre elles, de manière que l'une ne puisse pas être violée impunément pour les autres. Si les jurés sont choisis par les électeurs, le droit de récusation de la part du ministère public devient, dans quelques rares occasions, sage et nécessaire. S'ils sont choisis par le préfet, ce droit n'a plus d'objet; c'est l'administration qui détruit son propre ouvrage, et qui donne à des citoyens appelés par elle, un désagrément facile à leur épargner.

Quant aux récusations exercées par les

accusés, elles ne peuvent jamais être dé-
sagréables à ceux qu'elles atteignent. L'intérêt immédiat de la défense personnelle
justifie toutes les précautions, même inu-
tiles. Ainsi, le hasard ayant encore ame-
né dans le jury de l'*Epingle noire* ce
même chef de bureau de la police qui,
l'année précédente, avait été juré dans
l'affaire de l'adjudant Monnier, les prévenus, en le récusant, n'ont établi aucune
prévention contre lui.

§. I I I.

De la communication des jurés avec le public durant les longues procédures.

On sait qu'en Angleterre, quelle que soit la longueur d'un procès criminel, les jurés sont aussi étroitement séparés de toute communication extérieure, que des cardinaux pendant la tenue d'un conclave : ils mangent et couchent dans leur chambre; enfin, aucune séduction, aucune suggestion, aucune impression étrangère ne peut arriver jusqu'à eux, depuis l'ouverture des débats jusqu'au prononcé de leur déclaration.

Cette mesure est rigoureusement nécessaire; elle tient à l'essence même du jury. Son plus léger relâchement ren-

verse tout l'édifice de l'instruction criminelle. En effet, l'art. 353 du Code s'ex-
prime ainsi :

« L'examen et les débats devront être
« continués sans interruption, et sans au-
« cune espèce de communication au-de-
« hors, jusqu'après la déclaration du jury
« inclusivement ; le président ne pourra
« les suspendre que pendant les inter-
« valles nécessaires pour le repos des ju-
« ges, des jurés, des témoins et des ac-
« cusés. » Bien entendu, que pendant
ces intervalles, les jurés doivent se retirer
dans leur chambre, comme les juges dans
la leur, sans se mêler un seul instant avec
le public.

Je poursuis l'examen du Code, et je
lis, art. 394 :

« La liste des jurés sera notifiée à
« chaque accusé la *veille* du jour déter-
« miné pour la formation du tableau ;
« cette notification sera nulle, ainsi que

« tout ce qui aura suivi, si elle est faite
« plus tôt ou plus tard. »

Nulle, si elle est faite plus tard, cela
se conçoit; les accusés n'auraient pas
le temps de préparer leurs récusations.
Nulle, si elle est faite plus tôt, cela s'ex-
plique aussi; les jurés, encore au nombre
de trente-six, et ayant deux chances
contre une pour ne pas être choisis par
le sort, pourraient néanmoins être ex-
posés à des obsessions, soit pour, soit
contre les accusés.

Et cependant, lorsqu'ils sont réduits
aux douze qui doivent porter la fatale
sentence, on ne redoute pas pour eux,
au péril des accusés et de la société toute
entière, la possibilité de cés mêmes obsessions! et, dans les courtes suspensions
des débats, le public vient se mêler à eux!
et durant les longues suspensions, ils
rentrent dans leurs maisons, vaquent à
leurs affaires, et peuvent partager, s'ils
en ont le courage, les délassemens, les

plaisirs des autres citoyens ! Et la liste des jurés n'est point nulle ! et rien de ce qui a suivi n'est nul ! c'est-à-dire, ô terreur, ô accablement d'esprit ! que la condamnation se prononce et qu'elle s'exécute comme si de rien n'était !

Que dis-je, pendant la suspension des débats ? je me trompe. Les débats sont déjà finis, l'instruction même est complètement terminée, l'opinion qui doit absoudre ou condamner l'accusé est formée presque entièrement dans la pensée des jurés, et leur communication avec le public subsiste encore. A Paris et dans beaucoup de départemens, la construction des salles des cours d'Assises est telle, que les jurés, pour se rendre du lieu de l'audience à celui de leur délibération, sont obligés de fendre péniblement la foule des citoyens, d'autant plus affluente, que la cause présente un plus grand intérêt ; et un seul mot dit alors à l'oreille d'un seul juré, un billet glissé dans sa main, ne peuvent-ils pas changer tout le destin d'un procès? Tant il est vrai que nous n'avons rien préparé, rien combiné, même matériellement, de ce qui est nécessaire à l'institution du jury; comme si cette belle tige de la liberté publique, transplantée du sol anglais sur le nôtre, était destinée, faute de culture, à périr désastreusement dans nos mains! (1)

Dans la première ferveur de la trans-

---

(1) Une seule chambre, à Paris, est réservée aux jurés, quoique souvent deux sessions soient ouvertes simultanément; de sorte qu'il est arrivé dernièrement une grande indécence qui doit souvent se répéter. Le jury dont je faisais partie a été obligé de faire place à un autre jury se rendant aux opinions, et d'errer dans les corridors en attendant l'ouverture de l'audience. Quoi! dans cet immense Palais de Justice, antique demeure de nos Rois, on ne peut pas trouver deux chambres pour deux assemblées de jurés! les prisons l'auraient-elles tout envahi!

plantation, nous avions plus de zèle et de conscience; les communications étaient aussi rigoureusement interdites qu'il se pouvait, entre les jurés et les autres citoyens; mais bientôt, tels que des enfans qui, dans leurs jeux, se créent des lois imaginaires et se lassent soudain de les accomplir, nous nous sommes fatigués de cette contrainte, la frivolité, la mollesse de nos habitudes, n'a pu supporter d'honorables chaînes de quelques jours; et même, dans ce misérable intérêt, nous n'avons pas réfléchi que les resserrer un peu, ce serait en abréger beaucoup la durée (1).

____

(1) Ainsi, le procès de l'*Epingle noire*, qui a duré six jours, aurait été facilement réduit à trois, et même à deux, si l'audience n'avait eu d'autres interruptions que celles que veut la loi, et si les juges et les jurés constamment réunis au Palais de Justice, n'avaient pas perdu un long temps inévitable à se rassembler de tous les quartiers de Paris, à six reprises dif-

Mais ce qui passe toute humaine croyance, c'est peu de mentir publiquement à nos devoirs et à la loi, nous mentons à nos sermens même. Oui, dans la tâche la plus religieuse qui puisse être imposée au citoyen, nous débutons par un faux serment. « Nous jurons et promet- « tons devant Dieu et devant les hommes « (devant les accusés qui viennent, inno- « cens ou coupables, demander à la jus- « tice toutes les garanties de la loi), nous « jurons, dis-je, de ne communiquer avec

férentes. Il faut dire aussi que l'acte d'accusa- tion, dont la lecture seule a occupé presque toute une audience, était hors de proportion avec l'importance de l'affaire, et que de cette longueur démesurée est résultée nécessaire- ment celle des plaidoieries. Mais M. le procu- reur-général et MM. les avocats, lorsqu'ils se- ront tenus tout de bon en charte privée dans l'instruction des procès, appliqueront leurs soins à être plus précis, et ce sera sans aucun inconvénient pour la manifestation de la vérité.

« personne jusqu'après notre déclaration ;
« nous le jurons tous, individuellement,
« en levant la main ; et à peine de nullité
« (art. 312 du Code d'instruction crimi-
« nelle). » Mais si cette partie du serment
n'est qu'une vaine formule, que nous puis-
sions fouler indifféremment sous les pieds,
les autres parties sont une vaine formule
aussi. C'est une vaine formule, que « d'exa-
« miner avec l'attention la plus scrupuleuse
« les charges qui seront portées contre
« l'accusé ; de ne trahir ni ses intérêts, ni
« ceux de la société qui l'accuse ; de n'é-
« couter ni la haine ou la méchanceté, ni
« la crainte ou l'affection. » C'est une vaine
formule, enfin, « de nous décider d'après
« les charges et moyens de défense, sui-
« vant notre conscience et notre intime
« conviction, avec l'impartialité et la fer-
« meté qui conviennent à un homme
« probe et libre. »

Voyez dans quelles conséquences entraîne la violation d'un seul devoir, et à

quels anneaux se rattache la chaîne des capitulations de conscience !

Que faut-il conclure de là? que des hommes timorés doivent, par respect pour eux-mêmes, refuser ce serment et s'abstenir des fonctions de juré? Non, sans doute; la suspension de toute action de la justice serait un remède pire que le mal; ma conclusion est, et je la présente comme l'une des causes déterminantes de la publication de cet écrit, que, pour faire cesser un affreux scandale, le législateur ne saurait être trop prompt à modifier la loi, ou le ministère trop empressé d'en rappeler et d'en maintenir l'exécution.

§. IV.

De la dénonciation légale, et de l'audition du témoignage des dénonciateurs.

Je ne partage point du tout l'opinion défavorable émise publiquement par un jeune avocat fort distingué, sur les dispositions des art. 103, 104 et 105 du Code pénal, concernant les peines attachées à la non révélation des complots et crimes contre la sûreté de l'Etat. La sûreté de l'Etat est celle de son chef et de tous ses membres ; c'est donc pour le législateur un devoir bien impérieux, que celui de la maintenir par de sages précautions. Et si l'on considère d'un côté, que, pour l'application de ces dispositions, il faut, dans le droit, que les complots et crimes aient le caractère déterminé par la loi, et, dans le fait, que la preuve ou au moins un indice très-grave puisse être fourni par le dénonciateur, afin que l'action en calomnie ne soit pas susceptible d'être intentée contre lui ; d'un autre côté, si l'on compare l'indulgence actuelle de cette partie de notre législation à son ancienne sévérité, si l'on réfléchit que, protégé par cette loi qu'on accuse, l'un des plus illustres martyrs de l'amitié, le vertueux de Thou, au lieu de porter sur l'échafaud sa tête héroïquement silencieuse, n'aurait payé que d'une amende et d'un emprisonnement les alarmes d'un ministre, il faut bénir le législateur moderne, loin de s'élever contre lui.

Non, cette loi n'est d'aucun danger pour les mœurs, ce sont ses déviations qui deviendraient dangereuses. Je ne puis dire de quel profond sentiment de douleur j'ai été saisi, lorsqu'un avocat entendu comme témoin dans la même affaire, est venu déclarer que le serment d'une association dont il fait partie lui avait imposé l'obligation de violer le secret de son cabinet. Puisqu'un homme qui annonce beaucoup de moyens, et que son état appelle plus spécialement au culte sacré des lois, a pu se tromper ainsi, le mal des fausses doctrines a donc fait de bien grands progrès! Il est donc bien urgent de l'arrêter! Mais ma voix sera-t-elle assez forte? Posons du moins les principes conservateurs de la société ; d'autres, après moi, les développeront avec plus de vigueur et d'éloquence.

Tout serment prêté par une aggrégation politique de citoyens, ou rentre dans les devoirs que la loi leur prescrit, et il est superflu ; ou s'en écarte, et il est funeste.

Mais le zèle, m'objectera-t-on, le zèle qui, sans violer la loi veut aller au-delà de ce qu'elle impose, vous l'éteignez donc? C'est ici qu'il est important de bien s'entendre.

Le zèle qui se signale par des actions louables, glorieuses; le zèle, avec plus ou moins de splendeur, des Bayard si vous êtes guerrier, des L'Hospital si vous êtes magistrat, ah! loin de l'éteindre ou de l'attiédir même, je voudrais l'enflammer de tous mes faibles moyens. Mais le zèle politique qui se manifeste par des sermens, par des signes propres à une association de citoyens, je ne balance point à l'affirmer, c'est un zèle dangereux, répugnant au bon ordre et au maintien de toute société, surtout de celles que gouverne un régime constitutionnel, où les distinctions civiques ne sont données que par la loi. « J'ai prêté un serment que tu « n'as point prêté; je porte un signe que « tu ne portes point; donc je suis plus « zélé que toi. » Raisonnement faux, dont les conséquences, dans la chaleur des passions, ne tendraient à rien moins qu'à la dissolution du corps social. Ne sait-on pas combien, dans tous les temps et dans tous les lieux, un signe, une couleur, ont enfanté de massacres et de désolations? Qui oserait répondre que les couleurs de la ligue, qui était aussi du zèle, n'ont pas versé le sang français jusque dans le dix-neuvième siècle?

Et d'ailleurs, si une couleur, un signe servent à distinguer aujourd'hui le zèle véritable, demain le zèle hypocrite ne manquera pas de s'en emparer; demain les ennemis de l'Etat couvriront de cette égide leurs desseins séditieux; et, troublés par de fausses apparences, les yeux de l'administration ne sauront plus comment veiller à la sûreté des citoyens.

Ecartons l'idée de ces périls. La question examinée dans son seul rapport avec la morale publique, conserve bien encore une assez grave importance.

Quelle est la garantie d'un serment? l'honneur de celui qui le prête. Mais l'honneur d'un avocat, pour nous renfermer dans l'exemple présent, lui prescrit bien impérieusement de ne point violer le secret de son cabinet; voilà donc deux honneurs aux prises l'un contre l'autre; voilà donc des impossibilités, des *inex-tricabilités* (si je puis hasarder ce mot), dans lesquelles un citoyen se trouve jeté, tandis que les devoirs de l'honnête homme sont si simples; tandis que, dans tous les cas où sa conscience doit parler, il a si peu besoin, quelque borné que puisse être son esprit, d'en consulter un autre pour savoir ce qu'il doit faire!

Ne craignons donc point de le répéter: tout serment prêté par une agrégation politique de citoyens, ou rentre dans les devoirs que la loi leur prescrit, et il est superflu; ou s'en écarte, et il est funeste.

Une autre espèce de dénonciation, qui n'est ni *légale* ni *civique*, est celle des espions de police. On sait qu'il faut des espions aux gouvernemens; il leur en faut, non-seulement contre les ennemis de l'Etat, mais contre les fauteurs de tous les désordres qui troublent la société; et comme, par des causes trop longues à déduire et qui n'appartiennent pas à mon sujet, l'espionnage, honoré chez les anciens, est justement avili chez les modernes, les espions ne peuvent être pris que dans la plus impure écume de la société. Mais ces Parias de l'Occident, dont l'attouchement, dont l'haleine est une souillure, doivent-ils être admis comme témoins dans le sanctuaire de la justice? J'oserais presque affirmer que non, sauf les cas, extrêmement rares, où leurs explications orales importeraient à la manifestation de la vérité. Alors, et l'article 323 du Code d'instruction criminelle est précis, « le jury sera averti de leur qualité de dénonciateurs. »

Cependant, je ne puis taire ce qui est public : dans le procès des associés de l'*Epingle noire*, un dénoncialeur, un espion a été entendu en témoignage, et le jury n'a été averti de *sa qualité* que par les avocats, à qui cette découverte pouvait échapper, et qui l'ont communiquée, ainsi qu'ils en avaient bien le droit, au moment jugé par eux le plus opportun pour la défense de leurs cliens. Ainsi donc un grand scandale a eu lieu, un piége coupable a été tendu à la conscience des jurés; mais puisqu'il est avéré, par une affirmation bien inutile, que les auteurs de cette faute, pour la nommer du nom le plus doux, ne sont point les respectables magistrats qui tenaient en main dans ce procès les intérêts de la justice et ceux du Gouvernement, ces auteurs, quels sont-ils? La réponse, malheureusement, se présente d'elle-même.

Chefs d'une administration délicate, surveillez de près vos agens, vos subordonnés; punissez plus sévèrement les écarts de leur zèle que vous n'en puniriez la tiédeur, ou la lèpre qui déjà défigure le corps politique ne tardera pas à le corroder, et la société périra par les moyens mêmes employés à sa conservation.

§. V.

De l'interprétation des lois pénales.

On ne répétera point ici ce qui a été dit cent fois, que toute interprétation des lois est dangereuse, et que la puissance d'interpréter ne devrait appartenir qu'à la puissance de créer : cela n'est pas douteux en théorie; mais, dans la pratique, il faut bien, pour l'accomplissement immédiat d'une loi, qu'elle subisse, de la part de celui qui doit la faire exécuter, une sorte d'interprétation, lorsque ses termes semblent offrir quelque ambiguité; il faut, particulièrement dans l'instruction criminelle que le fait de l'accusation soit appliqué à une ou plusieurs dispositions du Code pénal; enfin, il est reconnu que ce qu'on appelle, je crois, la doctrine du jurisconsulte, l'autorité des choses jugées, fait, en quelque sorte, partie de la législation. (1)

---

(1) Relativement à un point important de cette doctrine du jurisconsulte, je crois devoir soumettre un doute et aux philosophes eux-mêmes et aux hommes-d'état.

Au moment où le président des Assises remet aux jurés les questions auxquelles ils doivent répondre, il les avertit que, s'ils se décident contre l'accusé sur la question principale, à la majorité de sept contre cinq, ils devront en faire mention dans leur déclaration. Cet avertissement est fondé sur les art. 350 et 351 du Code d'instruction criminelle, ainsi conçus :

« La déclaration du jury ne pourra jamais « être soumise à aucun recours.

« Si néanmoins l'accusé n'est déclaré cou-« pable du fait principal qu'à *une simple ma-* « *jorité*, les juges délibéreront entre eux sur « le même point; et si l'avis de la minorité des « jurés est adopté par la majorité des juges, « de telle sorte qu'en réunissant le nombre des « voix, ce nombre excède celui de la majorité

Or, je dis que, dans cette nécessité d'interprétation, il serait d'une grande

---

« des jurés et de la minorité des juges, l'avis « favorable à l'accusé prévaudra. »

Je vois que la loi dit *simple majorité*, ce qui, grammaticalement, n'emporte pas l'idée nécessaire de sept contre cinq; majorité veut dire plus grand nombre; simple majorité est opposé à unanimité; mais le plus grand nombre se trouve aussi dans huit contre quatre; huit contre quatre sont aussi la simple majorité opposée à l'unanimité, et si à quatre jurés qui auraient absous l'accusé, se réunissaient les cinq juges, cela ferait neuf voix d'absolution contre huit de condamnation, et le vœu de la loi serait rempli, puisqu'en réunissant le nombre des voix favorables dans les juges et dans les jurés, ce nombre excéderait celui des voix contraires dans les jurés et dans les juges. Si la loi avait voulu restreindre le cas au seul fait de la majorité de sept jurés contre cinq, il me semble que la chose valait bien la peine d'être dite explicitement. Sur douze citoyens assemblés pour décider d'un fait d'où dépend le sort d'un ou plusieurs individus, convenance que les juges et le ministère public s'entendissent bien entre eux sur le sens de la loi, et que ce sens fût tellement clair, tellement incontestable, en faisant toujours pencher le doute en faveur du prévenu, que celui-ci n'eût plus raisonnablement à se défendre que du fait même qui lui est imputé.

Présentons des exemples. Il s'agit de définir le complot déclaré crime de lèse-majesté, et emportant la peine de mort; l'art. 89 du Code pénal le caractérise ainsi :

---

lorsque quatre sont pour la négative et huit pour l'affirmative, on peut croire qu'il y a quelque doute, et que cela mérite d'être soumis à un autre examen. En Angleterre, il faut l'unanimité des jurés pour que la condamnation s'opère ; en France, si la loi recevait l'interprétation que je propose avec une juste défiance de moi-même, il faudrait, du moins, pour la condamnation, plus des deux tiers des voix.

« Il y a complot, dès que la résolution
« d'agir est concertée et arrêtée entre
« deux conspirateurs ou un plus grand
« nombre, quoiqu'il n'y ait pas eu d'at-
« tentat. »

Mais, moi juré, si à cette définition
d'une loi que je ne suis pas obligé de
connaître, j'entends substituer celle-ci :
« Le complot est un dessein criminel
« formé entre deux ou plusieurs person-
« nes, et qui suppose nécessairement la
« résolution d'agir ; » et si la bouche d'où
émane cette dernière définition est tellement respectable à mes yeux en matière
de jurisprudence, qu'elle entraîne ma
conviction secrète, et ne me permette plus
d'entendre sans prévention les principes
contraires énoncés dans l'intérêt, toujours un peu suspect, de la défense, il
est clair que, chargé de la déclaration
du fait, je serai conduit, surtout si je suis
sévère ou par caractère, ou par sentiment, à porter la peine de mort contre

un homme que la loi ne voulait pas frapper de cette peine. Car, bien certainement, *dessein* n'est pas synonyme de *résolution*. Ainsi, je forme un dessein avec une ou plusieurs personnes; mais j'ai des doutes sur la possibilité, sur les moyens d'exécution; voilà un nœud, une difficulté qu'il faut *résoudre*; je consulte un ami, il me dit de renoncer à mon dessein, j'y renonce; non-seulement il n'y a pas là *résolution* d'agir, mais ce qui est bien plus fort, il y a résolution de ne pas agir. Vous voyez que je me renferme ici dans les premiers élémens du complot. Que serait-ce donc s'il fallait, après la résolution prise, examiner la résolution concertée, et enfin la résolution arrêtée?

Vraiment, la loi qui veut la sûreté de tous ses membres, mais qui, à moins d'une imminente et douloureuse nécessité, répugne au retranchement d'un seul, n'a pas prononcé légèrement la peine de mort. Elle veut que le coupable ait passé par tous les degrés du crime, nécessaires pour le rendre punissable de la perte de la vie ; elle se garde bien d'établir, que le *dessein* entre plusieurs suppose la *résolution* ; car, il ne serait pas plus difficile d'établir ensuite, que la *résolution* suppose le *concert*, et le *concert* l'*arrêté* ; de sorte qu'un seul mauvais dessein conçu par deux personnes, suffirait pour les conduire à l'échafaud ! Doctrine désolante et funeste, qui, nous jetant dans la législation barbare de Dracon, ne graduerait aucune peine, et étoufferait, au sein de l'homme un instant égaré, la salutaire pensée de s'arrêter dans le chemin du crime.

Poursuivons cet examen. Une association est formée dans un but criminel, horrible, dans le même but que le dessein dont je viens de parler. Ce seul fait, en le supposant établi sur des preuves ou sur de puissans indices, suffit-il pour motiver contre les prévenus l'accusation de complicité avec les auteurs du dessein ?

Assurément non, il y a un but commun entre eux, à la bonne heure, mais ce n'est point assez; on peut marcher à un but commun par des voies bien différentes, par une association punissable de simples peines correctionnelles, comme par un complot punissable de la peine de mort. C'est donc la plus ou moins grande criminalité de ces voies qui donne à l'action son caractère, la constitue crime ou délit, et lui attache son mode de poursuite et sa peine. Cela est si vrai, que si l'association se composait, je le suppose, de quatre-vingt mille personnes toutes surprises en flagrant délit, il n'entrerait dans la pensée de qui que ce fût, qu'on dût à l'instant même en France dresser quatre-vingt mille échafauds; l'humanité révoltée avertirait la raison.

Si des notions si claires avaient été bouleversées dans le procès qui me fournit mes exemples, cela viendrait de ce que la même erreur qui a confondu le dessein et la résolution, aurait confondu le but et le dessein, deux choses cependant bien différentes, puisque le dessein, comme on l'a vu plus haut, n'est autre que le commencement d'une des voies pour arriver au but.

De cette confusion d'idées, il résulte beaucoup de graves inconvéniens, dont les uns frappent les yeux de tout le monde, et dont les autres ont plus besoin d'être expliqués.

N'est-il pas vrai que si un homme coupable d'un délit est poursuivi comme coupable d'un crime, s'il voit sa tête menacée pour la même faute qui ne devrait menacer que quelques écus de sa bourse et quelques jours de sa liberté, ses idées se troubleront, une terreur morne, un désespoir accablant s'empareront de lui, il ne verra que deux voies de salut; l'une de nier tout, contre toute vraisemblance, et de saisir du moins un espoir incertain dans l'absence de la preuve matérielle;

l'autre, de se jeter dans l'asile qui lui est ouvert par l'art. 108 du Code pénal; et, pour cela, de dénoncer bien vite un de ses *complices*. Or, comme il n'y a de complices que d'un complot ou d'un crime, il répondra, non point à ses propres pensées, mais à la pensée de celui qui l'interroge. « Oui, dira-t-il, je suis auteur « d'un crime, d'un complot, d'un com- « plot bien vaste (afin de mériter mieux « les faveurs de la loi), et *un tel* est mon « complice. » Alors on ira jusqu'au bout de la France, arrêter *un tel*, qui à son tour fera arrêter un tel autre; et cette chaîne de dénonciateurs d'un crime imaginaire ne finira que par l'impossibilité matérielle de la continuer.

O deuil, de tous les côtés, pour la morale publique! O plaies profondes de la société! Pourquoi donc cet empressement à faire croire qu'il existe en France tant de conspirateurs? Il me semble que s'il s'y en trouvait effectivement beaucoup, il serait plus sage, plus politique, d'en diminuer le nombre en apparence, autant que la sûreté de l'État et l'exemple le permettrait.

Oh! pourquoi cet empressement? C'est dans les replis les plus cachés du misérable cœur humain qu'il faut aller en chercher la cause. Chacun s'exagère et veut exagérer à autrui sa propre importance. Les diverses professions, au lieu de concourir avec tempérance à la vie commune, s'isolent, se gonflent, s'extravasent; non contentes d'être le rameau qui se nourrit d'une petite partie de la sève de l'arbre et lui donne le tribut de quelques fruits, elles veulent encore être le gui parasite qui le dévore, l'excroissance qui le surcharge et le défigure. Le prêtre préfère le sacerdoce à la religion; le juge, la magistrature à la loi; l'administrateur, l'administration à l'État: de là, l'altération de l'État, de la loi, de la religion; de là, tant d'ennemis de la religion, de la loi, de l'Etat, qui seraient destinés à en être les amis.

Le cardinal de Retz, a dit, et il s'y connaissait bien : « Le grand secret de « ceux qui entrent dans les emplois, est « de saisir d'abord l'imagination des « hommes par une action que quelques « circonstances leur rendent particu- « lière. » Mais ce grand secret n'en est plus un aujourd'hui; soit raisonnement, soit sentiment, soit instinct, tous voient tout et jugent tout. L'estime à conquérir, voilà désormais le seul grand secret des hommes en place. Le même cardinal de Retz a dit encore : « Le mépris est la ma- « ladie la plus dangereuse d'un Etat. »

§. VI.

Du ministère des avocats.

Assailli d'une foule d'idées tristes, j'aimais à reposer ma pensée sur de jeunes défenseurs des accusés, l'espoir, et déjà l'honneur du barreau français, un Mauguin, un Mocquart, un Claveau, lorsque dans un des repos de l'audience, j'entendis des Anglais se dire entre eux. *Our barristers are much more independent.* « Nos « avocats sont bien plus indépendans. »

Je sentis, à ces mots, la rougeur me monter au visage. Je ne dirai point que la profession d'avocat, qui, sans le malheur des temps, eût été la mienne, et dont j'ai bien compris du moins la noblesse et l'élévation, m'intéresse vivement à l'honneur de ses membres; le reproche ici me semblait si mal appliqué, que plu-

sieurs, orateurs qui venaient d'être en-
tendus, s'étaient même attiré de M. l'avocat-général des censures légères, faites
avec beaucoup de douceur et d'urbanité.
Il m'a donc fallu, dans le recueillement,
chercher les causes de la réflexion de ces
étrangers ; je crois en avoir trouvé deux.

La première peut se rapporter aux
louanges données à plusieurs reprises, par
quelques défenseurs, à M. le président
et à M. l'avocat-général. Prenez garde
que, loin de blâmer ces louanges en elles-
mêmes, je suis tout prêt à m'y réunir; je
n'en blâme que la forme et le lieu.

Si, dans de simples relations de société,
la politesse ne permet pas de louer crue-
ment un homme en face, qu'est-ce donc,
quand le respect doit s'y joindre? Car le
droit de louange suppose celui de blâme.

Mais l'encens envoyé par le défenseur
au magistrat, ne serait-il pas une sorte
d'innocente séduction en faveur de l'accusé? Oh ! ce serait bien pis alors; car on

se défierait donc de la fermeté de caractère ou de la rectitude de jugement de
celui qu'on chercherait à séduire.

Des jurisconsultes pleins de sens, de
tact et d'esprit, savent sans doute ces cho-
ses-là mieux que moi; mais ils cèdent à
l'usage, et ils ont tort: il leur appartient
de le réformer. Cela même est de leur intérêt; les magistrats qui ne seront plus
loués par eux, seront bien moins embar-
rassés pour faire descendre sur le parquet,
du haut de leurs chaises curules, les ap-
probations honorables, et les paternels
encouragemens. Je pense donc que nos
voisins, peuple très-peu complimenteur,
parce qu'ils ont l'habitude que nous ac-
querrons à notre tour, de vivre sous un
régime constitutionnel, ont pu être cho-
qués de ces éloges.

L'autre cause, que j'assigne à leur ob-
servation, est bien plus importante.

Un des avocats, dans les débats de la
veille, avait proféré ces propres mots,

qui n'excédaient pas les droits de son ministère, s'ils étaient liés à la défense de son
client : « Je prouverai demain que *tel* des
« accusés est un *mouton*, et je montrerai
« comment la police s'y prend pour faire
« des conspirations. » Le lendemain, cependant, au lieu de remplir cet engage-
ment, l'avocat a déclaré qu'il avait été
mal informé sur le compte de la personne inculpée, et qu'il s'empressait de
lui rendre l'honneur.

Soyons de bonne foi ; il a été permis à
tout le monde de regarder cette dernière
déclaration comme un acte de complai-
sance. Si c'est un jugement injuste, ceux
qui l'ont porté n'en sont point coupables.
Pour moi, je suis loin de rien affirmer
sur une matière si délicate ; je me borne
à dire qu'en arrêtant ce prévenu seule-
ment quinze jours avant les débats, tandis que ses aveux étaient fort anciens,
et que ses coaccusés gémissaient depuis
douze, quinze et même vingt-deux mois

dans les prisons, on a manqué à la justice, qui défend les faveurs envers ceux-ci comme une oppression envers ceux-là. J'ajouterai que si cet homme est loyal, ainsi qu'il me serait doux de le croire, on lui a rendu un funeste service, et qu'il valait cent fois mieux pour lui partager tout le sort de ses compagnons d'infortune, que de s'être vu exposé à des soupçons si flétrissans.

Mais, sans m'arrêter sur ce fait, puisqu'il est de notoriété publique que les polices des différens gouvernemens ne dédaignent pas d'employer des *moutons*, surtout dans la recherche des crimes d'Etat, et qu'à peu près chaque conspiration a le sien, je remplirais bien mal la tâche que je me suis proposée, d'examiner, surtout dans leur rapport avec les mœurs, quelques points de législation et d'administration publique, si je ne m'élevais de toutes mes forces contre l'usage de cet odieux moyen.

Sans doute, *le salut du peuple est la loi suprême*; mais que d'abus dans l'application de cet axiôme! Une fois, peut-être, en un siècle, il aura été véritablement utile, pour saisir le fil d'une conspiration, de tendre des piéges à la confiance des conspirateurs; et voilà que, par une indifférence déplorable sur le pervertissement de l'espèce humaine, une combinaison si dangereuse est devenue l'un des rouages habituels de la machine! Et ce mystère machiavélique cesse d'en être un, tant il est prodigué! Et le nom donné à de tels agens a passé dans la langue usuelle! Où donc les communications sociales trouveront-elles un sûr refuge, si le magistrat place lui-même le masque de l'amitié sur le visage du traître, et lui dit : Va.

Le type de l'infâme personnage du *mouton* est Narcisse, dans *Britannicus;* mais il est là bien à sa place; il convient de l'y laisser.

~~~~~~

§. VII.

De l'admission, comme élémens de conviction, des lettres interceptées par l'autorité publique.

Le défenseur de deux accusés ayant déclaré, que deux lettres produites contre ses cliens avaient été interceptées par l'administration, et ayant demandé, au nom de la morale et des inductions de la loi, qu'elles fussent rejetées des débats, sa requête est demeurée sans suite ; et, le lendemain, M. l'avocat-général a donné, sur le fait de l'ouverture des lettres, l'explication suivante :

L'administration, avertie du départ de ces lettres, adressées par l'un des prévenus à son frère accusé lui-même, les a signalées par la voie du télégraphe, au
~~~~~~

préfet du lieu de la résidence de ce dernier, et (si j'ai bien compris la suite de ces détails) les lettres ont été ouvertes en présence du préfet, par celui à qui elles étaient adressées.

On se demande pourquoi l'action du télégraphe , dans une circonstance qui n'en paraît pas susceptible. L'administration publique a ou n'a pas le droit d'ouvrir les lettres des citoyens. Si elle a ce droit, elle peut l'exercer aussi bien à Paris que dans les Pyrénées ; si elle ne l'a pas, elle ne peut l'exercer ni dans les Pyrénées, ni à Paris. Vainement dirait-on, qu'on a voulu respecter le sceau des lettres ; en les faisant ouvrir par la personne même à qui elles étaient adressées ; certes, si elle a été forcée de les remettre sur-le-champ à l'administration , ce prétendu respect était subtil et dérisoire ; et, en matière d'abus d'autorité, la subtilité , la dérision sont pires que la violence. Le sceau des lettres n'aurait été véritablement respecté, que si le préfet avait dit à celui qui venait de les lire en sa présence : « Vous convient-il de me les re- « mettre ? je les reçois ; cela ne vous « convient-il pas ? voici du feu pour les « brûler. » Mais la preuve que les choses ne se sont point passées ainsi, c'est que les deux lettres ont été produites au procès à la charge de l'un et de l'autre accusé.

Maintenant, examinons si l'administration avait le droit de les ouvrir. Je tiens en main le Code pénal, au titre des abus d'autorité, de première classe, et je lis, article 187 :

« Toute suppression, toute ouverture « de lettres confiées à la poste, commise « ou facilitée par un fonctionnaire ou « agent du Gouvernement ou de l'ad- « ministration des postes, sera punie « d'une amende de seize francs à trois « cents francs. Le coupable sera, de plus, « interdit de toute fonction ou emploi

« public pendant cinq ans au moins, et
» dix ans au plus. ».

Ou il faut brûler le Code pénal et
cesser d'appliquer contre quelque coupable que ce soit, quelque peine que ce
puisse être, ou les peines ci-dessus doivent
être poursuivies contre le fonctionnaire
coupable de cet abus d'autorité, sans que
les ordres qu'il peut avoir reçus soient
pour lui une justification suffisante. Si
l'administration supérieure, entraînée par
le mouvement rapide des choses, oubliait de rapporter sévèrement ses instructions aux dispositions de la loi, l'administrateur immédiat devrait noblement
désobéir; et, dans des intérêts, à la vérité, plus graves, ne sait-on pas que le
vicomte d'Orthe s'est immortalisé par un
refus?

M. l'avocat-général a si bien senti la
faute commise, que, pour la pallier à des
yeux inattentifs, il a cherché, avec un
embarras timide qui l'honore, à glisser

un mot du *pouvoir discrétionnaire de l'administration.*

Le pouvoir discrétionnaire de l'administration ! quel sens peuvent avoir ces paroles ? Interprète des lois, daignez vous expliquer mieux. Je sais fort bien ce que c'est que le pouvoir discrétionnaire d'un président de cour d'Assises, dirigeant des débats ; la loi elle-même, ma boussole éternelle, la loi me le fait connaître ; mais le pouvoir discrétionnaire d'un administrateur faisant ouvrir devant lui des lettres pour s'emparer violemment de leur secret, aucune loi ne m'en parle, pas même les redoutables lois d'exception. Et personne, sans doute, n'aura la sacrilége audace de prétendre que ces lois autorisent en masse ce qu'elles ne disent pas explicitement. Si nous en étions à ce point de désorganisation sociale, il ne nous resterait qu'à fuir tous avec nos femmes et nos enfans, pour transporter la belle France dans les déserts de l'Amérique (1).

Après la question de savoir s'il est permis aux fonctionnaires ou agens de l'administration d'ouvrir les lettres des citoyens, se présente celle-ci : les tribunaux doivent-ils admettre comme élémens de conviction, des lettres ainsi interceptées? A cet égard, je vais me borner à raconter un fait connu de toute la France, un fait dont j'ai été témoin oculaire, et qui m'a laissé, tout jeune que j'étais, une impression profonde.

En 1792, M. Delâtre, professeur en droit, fut traduit à la haute-cour nationale, *comme coupable du crime d'avoir correspondu avec son fils, émigré, et de lui avoir fait passer de l'argent.* Le crime

---

(1) L'émigration d'Europe aux Etats-Unis est estimée à plus de mille personnes par semaine. (*Journal général de France*, du 5 octobre 1817.)

d'avoir correspondu avec son fils ! le crime de lui avoir fait passer de l'argent ! Quelles lois avaient donc pu attacher une peine à l'accomplissement des premiers devoirs de la nature ? des lois d'exception, dans des temps déjà bien terribles. C'était M. Piet, membre de la dernière Chambre des députés, qui défendait le prévenu. Il n'y avait pas moyen de nier les lettres ; elles faisaient partie des pièces du procès ; mais elles avaient été interceptées par l'autorité : l'orateur, armé de toutes les puissances de la morale et de la loi, *convainquit* des hommes pourtant bien passionnés, bien ardens, qu'ils ne pouvaient pas savoir, qu'ils ne savaient pas réellement ce qu'ils n'avaient appris que par un crime ; et l'accusé fut absous (1).

Dépositaires actuels de l'autorité, sans doute vos intentions ne peuvent un seul

---

(1) Il n'eut *pas même un mois de prison.*

moment être douteuses. Servir le Roi, je le sais, est votre plus cher désir. Mais combien mériteraient et du Prince et de la Patrie des voix plus fortes que la mienne, si elles pouvaient vous *convaincre* qu'un État, quelque aimé qu'en soit le chef, et sous quelque forme qu'il soit constitué, ne peut vivre et se mouvoir que par la loi; que la révolution n'étant qu'une longue et terrible exception, prolonger les exceptions, c'est prolonger la révolution même; que l'esprit des Français n'est point tourné aux conspirations, parce qu'elles sont ennemies du repos, et que le besoin du repos est le sentiment le plus universel du peuple; qu'après de longs orages, les idées d'ordre, de régularité, d'amour et de respect des lois sont celles dont la propagation importe le plus, même aux hommes qu'elles contrarient; que le passé est irrévocable, et que son empreinte est partout; que les temps ne sont plus où les vertus, les grâces, l'aménité d'un Monarque descendant du trône jusque dans tous les rangs, suffisaient pour offrir à tous une sauve-garde contre le silence des lois; qu'aujourd'hui les lois elles-mêmes sont à peine un frein assez fort contre l'effervescence des passions et le froissement des intérêts; qu'une grande atteinte reçue de la loi blesse beaucoup moins qu'une légère atteinte reçue de l'arbitraire; que l'arbitraire ne conduit point à l'ordre, mais au chaos; qu'enfin, si l'arbitraire se prolonge, nos campagnes finiront par se couvrir de partisans, tandis que nos cités deviendront toutes des villes de Rodez, c'est-à-dire, des villes italiennes du moyen âge, où de grands crimes effrayaient et consternaient la pensée, où les juges siégeaient parmi les poignards des assassins, et où quelques vertus privées luttaient sans fruit contre le débordement général.

Je sais que malheureusement cette opinion n'est point celle de beaucoup d'hommes, personnellement fort honnêtes, mais c'était aussi le plus honnête homme du monde, c'était de plus un grand homme que ce vainqueur d'Annibal, cet illustre Scipion, qui, pour avoir sappé par les fondemens la constitution de son pays, a été, presque à l'égal de Sylla, de Marius et des Césars, un des fléaux de l'humanité.

FIN.

MANUEL DES BRAVES, ou Victoires des Armées françaises en Allemagne, en Italie, en Egypte, en Espagne, en Russie, etc., dédié aux membres de la Légion-d'Honneur, par Léon Thiessé, Eugène B**, et plusieurs militaires; 4 vol. in-12, ornés de gravures et de cartes du théâtre de la guerre : prix, pour les souscripteurs, 3 fr. le vol., et 4 fr. pour ceux qui n'ont pas souscrit.

Les premier et second volumes sont en vente, et le troisième paraîtra incessamment.

Sous presse :

COURS DE POLITIQUE CONSTITUTION-NELLE, ou Collection complète *des Ouvrages publiés par* M. BENJAMIN DE CONSTANT, *sur le Gouvernement représentatif et la Constitution actuelle de la France.*

Cet ouvrage sera imprimé en deux volumes in-8°, caractère *Cicéro* : prix de chaque volume, 7 fr.

Le premier volume sera mis en vente à l'ouverture des Chambres. Le second paraîtra à la fin du mois de novembre.